VILLAGE DU PETIT TAKÉO, PRÈS PNOM-PENH.

LA FRANCE AU CAMBODGE

I

M. JULES AGOSTINI.

Des légendes mythiques entourent les origines du Cambodge, et elles remontent si haut dans l'antiquité qu'il est impossible de préciser l'époque où pour ce pays, dont les traditions primitives se confondent avec celles du Siam, du Laos et de l'Annam, l'histoire se dégage de la fable. D'après les Cambodgiens eux-mêmes, leurs premiers ancêtres seraient venus de Camboya, au nord-ouest de l'Inde, et auraient tiré de là leur nom. D'autres croient au contraire que ces fondateurs de la civilisation cambodgienne avaient d'abord habité le Pégou, dans la basse Birmanie. Ce qui paraît hors de doute, c'est que, dès le quatrième siècle de notre ère, il est question du royaume de Cambodge, et qu'en 616 il payait tribut au Céleste-Empire. Il secoua toutefois ce joug de la Chine peu de temps après, puisqu'en 625 il était non seulement indépendant, mais avait joint à son territoire, par la conquête, le Tongking et le Bin-Thuan, appelé autrefois Tchampa. Les rois de Cambodge continuèrent à étendre leur puissance en s'emparant de l'Annam, en sorte que leurs possessions, auxquelles se rattachaient également le

Siam, comprenaient tout ce vaste empire désigné sous la dénomination de *Kampouchéa*, qui enfermait dans ses limites le bassin inférieur du Mé-Kong, la Cochinchine aujourd'hui française, les provinces siamoises de Battambang, Angkor, Tonly-Repou, Melu-Prey et la plus grande partie des terres annamites actuelles. La race ainsi victorieuse avait pour premiers aïeux ces Khmers, que l'on a nommés les Athéniens de l'Extrême-Orient à cause de leur génie artistique, révélé par les ruines de monuments grandioses : temples, ponts, tours, pagodes, etc., qui peuvent être comparés aux plus remarquables édifices érigés par l'architecture égyptienne. Bouddha visita le pays khmer, suivant les livres pâlis, après avoir quitté Ceylan, où il laissa le *prâh bât*, empreinte de son pied sacré, et les livres bouddhiques furent introduits dans le Cambodge par le dieu lui-même, qui les apporta de l'île cingalaise.

Les Khmers, dont les prêtres ne courbaient le front que devant les images divines, mais obligeaient les grands et le peuple à se prosterner sur leur passage pour les vénérer à l'égal des rois, restèrent les maîtres du Cambodge, probablement pendant plusieurs siècles, sans être inquiétés par leurs voisins, et lorsqu'ils devinrent tributaires de la Chine, leur grandeur n'en demeura pas moins à son apogée, car leur vassalité était alors plus fictive que réelle. Vers le septième siècle, ils transportèrent leur capitale à Bien-Hoa, lorsque le Siam, sous le règne de Préa-Ruang, se fut affranchi de leur autorité pour se constituer en royaume libre. Ce fut sans doute le premier échec infligé au Cambodge, qui eut depuis lors à lutter successivement avec ceux qu'il avait soumis. Ces luttes furent très longues et se compliquèrent encore par les dissensions intérieures, les rivalités des ambitions, les compétitions des prétendants au trône. On n'a que des données incomplètes et généralement fort vagues sur cette période, mais on sait qu'en 1028 les Cambodgiens se trouvaient sous la suzeraineté de l'Annam, et qu'en 1057 ils avaient pour roi un lépreux guéri par un prêtre-roi, Préa-En. La guerre qu'ils eurent à soutenir plus tard, contre les Mongols de Chine (1268), contribua à leur décadence.

Ils étaient, au seizième siècle, engagés dans de nouvelles difficultés, quand les Portugais arrivèrent au Cambodge (1553), où la vallée du grand fleuve fut explorée par ces Européens, qui s'y fixèrent et se mélangèrent avec l'élément autochtone. Cet exemple ne tarda pas à être suivi par d'autres pionniers. Ce ne fut toutefois que cent ans après, qu'on vit l'émigration européenne y battre son plein. Les Espagnols de Manille, puis, vers 1650, les Hollandais vinrent établir des comptoirs à l'embouchure du Mé-Kong. A vrai dire, ces établissements ne s'effectuèrent point sans combats, et les plus hostiles aux nouveaux arrivants furent les premiers occupants, aidés par les souverains indigènes. C'est ainsi que Regemortes, envoyé de Batavia par Antoine van Diemen, gouverneur des Indes néerlandaises, pour fonder une colonie au Cambodge, y fut assassiné avec ses compagnons par les Portugais.

L'Annam profita de ces conflits pour précipiter le démembrement du royaume khmer. Vers le milieu du dix-septième siècle il avait conquis toute la vallée du bas Mé-Kong, et, poursuivant ses annexions d'étape en étape, il subjugua tour à tour les provinces de Baïra en 1658, celles de Bien-Hoa et de Saïgon en 1675, celles de Mytho et de Vinh-Long en 1699, de Chaudoc et d'Ha-Tien en 1715. Pendant ce temps l'influence du Siam grandissait au Cambodge. Tout le dix-huitième siècle est rempli par ces mainmises sur l'ancien empire des Khmers, qui se rétrécit de défaite en défaite, presque entièrement dépouillé par les conquérants. En 1812, les Siamois avaient arraché aux Cambodgiens toutes les provinces à l'ouest du grand lac : Battambang, Angkor, Tonly-Repou et Melu-Prey.

II

Il était évident que, jouet des despotes voisins (Siam et Annam) qui se disputaient cette proie, le Cambodge aurait disparu définitivement de la carte d'Extrême-Orient si les événements n'avaient amené sur le théâtre de ces collisions perpétuelles une intervention capable de tenir tête aux aggresseurs. La France, en paraissant dans la péninsule indo-chinoise pour châtier la conduite du roi d'Annam, Tu-Duc, qui nous bravait ouvertement et menaçait notre prestige, y rencontra un état de choses qu'elle ne pouvait laisser exister sans péril pour ses provinces annamites du delta du Mé-Kong. Une fois les traités de 1852 signés avec Tu-Duc, dont les promesses offraient peu de garanties, il importait de mettre le territoire cambodgien à l'abri de nouvelles entreprises anna-mites qui n'auraient pas manqué de se produire à bref délai si l'on n'avait agi avec sévérité autant qu'avec prudence. Il fallait en même temps prendre des précautions contre les velléités d'ingérence siamoise au Cambodge, d'autant plus que les mandarins de Siam usaient de duplicité, sous des apparences pacifiques, pour reculer chaque jour les frontières de leurs provinces khmers.

Le roi de Cambodge, Norodom Ier, était un homme faible et indécis, ne sachant s'il devait appuyer son trône chancelant sur une alliance avec Tu-Duc, sur un traité avec les Français ou sur une entente avec le gou-vernement de Bang-Kok. Grâce à la fermeté diplomatique du comman-dant Doudart de Lagrée, le monarque cambodgien conclut, le 11 août 1863, un arrangement qui le plaçait définitivement sous notre protectorat. Norodom Ier avait compris qu'il n'avait à compter de la part de l'Annam ou du Siam que sur des exactions qui seraient pour lui une source fatale de malheurs et de ruine; ses conseillers n'eurent pas de peine à lui faire voir que c'en était fait irrémédiablement de son autorité chancelante s'il renonçait à l'alliance sans équivoque que nous lui offrions. Le traité, ratifié en avril 1864, nous donna le droit d'établir un résident auprès du roi de Cambodge, de veiller à la stricte exécution des clauses du protectorat, sous la haute direction de notre gouverneur de Cochin-chine; comme gage de ces conventions, nous obtenions sur le Mé-Kong un territoire heureusement situé pour y installer un dépôt de charbons ainsi que des magasins d'approvisionnement des navires français, et pour y construire un fort.

L'expansion coloniale de la France en Cochinchine fut continuée dans ces conditions. Nos traités de 1867 avec l'Annam nous assurèrent la pos-session de plusieurs nouvelles provinces (Vinh-Long, Chaudoc, Ha-Tien) et nous permirent de rapprocher nos frontières du Cambodge, dont elles devinrent ainsi exactement limitrophes. Il s'agissait maintenant de bien délimiter les territoires respectifs du Cambodge et du Siam, car ce dernier excipait des traités de 1863 et 1864 avec Norodom pour affirmer ses droits sur les provinces de Battambang et d'Angkor, en même temps que sur le Laos jusqu'au Grand-Fleuve, l'une des voies restant cambodgienne, l'autre devenant siamoise.

Ajoutons que Norodom n'avait accepté notre protectorat qu'avec l'arrière-pensée de rompre ses obligations à la première occasion. Les Français n'étaient, en somme, à ses yeux que des Européens intrus en Extrême-Orient, et il n'aurait pas été éloigné de se liguer avec ceux qui n'abandonnaient pas le projet de les chasser, ou, comme le préméditait encore Tu-Duc, de les exterminer, si c'était possible. On en eut la preuve lorsqu'on le vit prêter l'oreille aux insinuations, aux offres des souverains de Bang-Kok et de Hué. Il y avait là un danger à prévenir, surtout parce que notre expédition au Tong-King, alors à ses débuts, rendait visiblement très tendue notre situation en Cochinchine et en Indo-Chine. Le seul moyen de forcer Norodom au maintien de la foi jurée était de lui enlever à tout jamais toute arme qui aurait pu favoriser sa résistance à notre suprématie. Notre gouverneur à Saïgon, M. Thompson, s'acquitta de cette tâche avec énergie. Il sut, par le traité du 17 juin 1884, resserrer les liens qui unissaient le Cambodge à la France. Cette nouvelle convention ne se bornait pas à assurer le fonctionnement de notre protectorat, elle lui donnait de l'extension dans le sens le plus avantageux. Le résident de France à Pnom-Penh devenait résident général avec droit d'audience privée et personnelle auprès du roi. Celui-ci acceptait toutes les réformes administratives, financières et commerciales auxquelles nous croirions devoir procéder; des fonctionnaires français étaient chargés de l'établissement et de la perception des impôts et des droits de douane; enfin, le sol, auparavant propriété du roi, cessait d'être inaliénable, et quiconque avait les ressources voulues pour s'en rendre acquéreur parcellaire pouvait user de cette faculté. Par la même convention, le Cambodge était divisé en huit provinces, subdivisées en trente-trois arrondissements.

Le traité de 1884 donna à notre protectorat un caractère plus énergique et plus efficace : il augmenta notre influence en Extrême-Orient; il créa au profit de notre développement colonial un champ d'activité considérable en ouvrant à nos colons de vastes étendues territoriales et en plaçant le peuple cambodgien sous une sauvegarde qui devait améliorer son état social.

Charles SIMOND.

AU CAMBODGE [1]

I

C'est par l'un des coquets et confortables paquebots de la Compagnie des Messageries fluviales de Cochinchine qu'en avril 1893 je quittai Saïgon, de nuit, pour me rendre à Pnom-Penh.

Le lendemain, au réveil, le steamer remontait le *Mékong*, et dans l'immense plaine, bordant le lit du fleuve, un ravissant panorama se déroulait à perte de vue.

A notre approche, des pélicans majestueux, des marabouts, de blanches aigrettes, mille oiseaux aux couleurs éclatantes, s'envolent effrayés pour s'abattre aussitôt derrière nous.

Près des rives, des buffles se complaisent dans un bain prolongé; parfois, sur les berges, des enfants quasi nus tentent de faire la course avec le bateau, mais, vaincus dans la lutte, ils proclament leur défaite en nous saluant par d'éclatants et joyeux appels.

La voix aigre de la sirène retentit, signalant Mythô, centre important qu'un chemin de fer met plusieurs fois par jour en contact avec Saïgon.

Du débarcadère, avant l'accostage, une voix impérieuse, celle

<hr>

(1) Texte inédit. L'auteur, M. Jules Agostini, est chef de service des travaux publics des établissements français de l'Océanie.
Publication autorisée par M. le ministre des Colonies.

du procureur de la République, intime au capitaine du navire l'ordre de ne laisser descendre aucun passager.

Quelques instants après, on apprend que la main de la justice va s'appesantir sur un Chinois, à l'égard duquel pèse la grave présomption de vol (soustraction de valeurs et dépêches destinées à notre canonnière *le Lutin*) commis en cours de traversée, de Bangkok à Saïgon, sur *le Jean-Baptiste-Say* des Messageries fluviales.

C'est ce même *Jean-Baptiste-Say* qui, peu de mois plus tard, lors de l'audacieuse et brillante affaire de « Paknam », montrait la route de Bangkok à nos avisos et finissait sa navigation de façon glorieuse, en restant dans le « Ménam », coulé par un obus siamois.

Le voleur, reconnu par des agents venus de Saïgon, fut ficelé puis conduit en lieu sûr, de même qu'une femme siamoise, sa compagne momentanée, sa complice sans doute.

Cette première escale de Mythô ainsi que celles qui suivirent dans la journée et la nuit furent de trop courte durée pour permettre une excursion profitable dans le voisinage des centres, où souvent l'on ne déposait que le sac postal. Le lendemain, à huit heures, le vapeur mouillait devant Pnom-Penh.

L'empire « khmer », jadis si florissant, a été si réduit par ses insatiables voisins, les Annamites et les Siamois, que les limites actuelles du royaume de S. M. Norodom I⁰ʳ tiennent sensiblement dans un pentagone ayant pour sommets Sambor, Tayninh. Hatien, la pointe Samit, l'embouchure du stung Kompong-Prack dans le Grand Lac.

Dans ces conditions, la position géographique serait donnée par les parallèles 100°30′ et 104° de longitude orientale, 10°20′ et 13° de latitude septentrionale.

La superficie totale, évaluée à 100,000 kilomètres carrés, serait seulement peuplée par 800,000 âmes, si on s'en rapporte aux résultats du recensement opéré à la fin de l'année 1893.

Le territoire du pays se divise en deux zones bien distinctes. L'une montagneuse, riche en essences de toutes sortes, parfois en minerai de fer, prend son origine près de Hatien, longe le littoral du golfe de Siam, s'infléchit au nord, passe à Pursat, jetant des ramifications considérables du côté du preck Thnott et d'Oudong. la vieille capitale de l'empire.

L'autre zone, de configuration plane, a été formée par les alluvions déposées par le fleuve *Mékong* et ses affluents.

D'autres cours d'eau sillonnent et fécondent le sol; je n'accorderai une mention spéciale qu'au *Mékong*, dont les sources encore mal explorées, jaillissant dans le Thibet, alimentent ce fleuve merveilleux, qui, roulant une masse liquide considérable, vient se perdre dans le golfe de Siam.

Ce fleuve, que son étendue, son développement, ses phases diverses, rendent majestueux, fabuleux pour les indigènes, offre à nos regards des caractères très distincts, tant par son cours que par les changements annuels qui l'affectent.

Les rapides qui commencent à Sambor, en amont de Kratié, tronçonnent le cours d'eau, constituant une série de bassins dans lesquels on accède difficilement.

Grâce, toutefois, aux difficultés suscitées par le Siam en 1893, les petits forts et postes ennemis de la rive gauche du *Mékong* sont tombés en notre pouvoir, nous assurant ainsi toute liberté d'action jusqu'au delà de Luang-Prabang.

Des marins valeureux, les lieutenants de vaisseau Simon et Le Vay, dont les noms figureront, dans notre histoire coloniale, à côté de ceux de Doudart de Lagrée et de Francis Garnier, ont, au prix de mille dangers, conduit jusqu'à la limite extrême de la navigation du fleuve les canonnières *le Massie* et *la Grandière*.

Construits à l'effet de montrer dans ces contrées si lointaines, si peu pénétrables, les couleurs nationales, ces petits vapeurs (minuscules témoins de notre puissance) sont d'excellents auxiliaires pour le maintien de notre prestige, le développement de notre influence politique et commerciale.

Si ces « machines de feu », comme on les appelle là-bas, exercent sur les naturels une crainte salutaire, elles les affranchissent aussi de la grande calamité de l'esclavage que leur imposaient leurs maîtres d'hier, les farouches Siamois.

De Pnom-Penh, où j'ai séjourné à diverses reprises, je ne dirai que peu de chose.

Sur la rive droite du *Bassac*, dominant les « Quatre-Bras » du *Mékong*, qui sont le point de concours de toutes les voies fluviales du Cambodge, il est naturel de penser que la ville de Pnom-Penh, qui a détrôné l'ancienne capitale « Oudong », dut être de tout temps une importante station, un véritable point de ralliement pour les pêcheurs et trafiquants, le cœur du pays en un mot.

N'est-ce pas en effet de ce point que, telles des artères portant la vie avec elles, s'élancent vers Luang-Prabang les lacs d'Angkor, le golfe de Siam, par une infinité de bouches, les voies navigables connues sous les noms de *Mékong, Tonlé-Sap, Fleuve antérieur* et *Fleuve postérieur* ou *Bassac*, sur le cours duquel se trouvent les postes de Chaudoc, Long-Xuyen, Canthô, etc.

Tant donc par sa situation géographique que par l'importance stratégique qui lui a été faite par les nombreux travaux exécutés pendant ces dernières années, le chef-lieu de notre Protectorat semble devoir réaliser les espérances fondées sur son avenir.

Il paraît indéniable que l'utilisation pratique, sensée, des ressources multiples du Cambodge fera de sa capitale une ville qui pourra rivaliser avec ses sœurs indo-chinoises, Saïgon et Hanoï, dont on loue justement les avantages et les agréments.

Pour tout dire, enfin, Pnom-Penh n'était encore, en 1890, qu'une vaste bourgade malsaine où les gens ne se préservaient de l'inondation annuelle qu'en établissant sur de hauts pilotis leurs habitations en chaume, desquelles on ne pouvait sortir qu'en pirogue ou sampan.

FEMME DE MANDARIN.

La ville, échelonnée le long de la rive droite du *Bassac*, n'avait « ni commencement ni fin » et s'étendait à l'aventure dans la plaine des petits lacs.

A l'heure actuelle, la capitale du Cambodge est enserrée dans un réseau de canaux qu'il est aisé de rendre infranchissable. Les dispositions adoptées n'ont pas toujours eu l'agrément du roi...; mais je ne m'attarderai pas sur un sujet aussi délicat, du moment que nos intérêts sont assurés.

Les fleuves *Tonlé-Sap* et *Bassac* à l'est et est-sud, le canal de ceinture au nord et à l'ouest, puis celui, de moindres dimensions, dit canal de la *Pyramide*, au sud, forment ce que j'appellerai, sans figure, les remparts ou fortifications de la ville.

Avec quatre fortins armés, établis sur le parcours des lignes mentionnées, on peut balayer tout ce qui peut venir du fleuve s'aventurer dans la plaine.

Il y a lieu de souhaiter que cette éventualité ne se réalise pas et que la levée de boucliers de 1884 reste la dernière dans les annales de nos dissensions avec le peuple khmer. Quoi qu'il advienne, le quai Piquet et la branche du canal de ceinture qu'il longe divisent Pnom-Penh en deux cités distinctes, communiquant seulement par les ponts ou passerelles de la « Grande-Rue », de la rue « Ohier » et de la traverse du « Pétrole ». On désigne ces cités sous les noms de ville « administrative ou française » et ville « cambodgienne ».

C'est dans la zone comprise entre le canal de ceinture et le Tonlé-Sap que se trouvent installés les services publics, les cou-

structions récentes, tout ce qui touche de près au « Pouvoir ».
Les négociants, cela va de soi, affectionnent la ville cambod-

MANDARIN CAMBODGIEN.

gienne, qui, avec le palais du roi, recèle les bayadères, les princes,
les mandarins, tous les dignitaires, grands et petits, vivant aux

lépens de la couronne, alimentée par nos soins et les revenus personnels de S. M. Norodom.

Parmi les travaux gigantesques entrepris pour la création de Pnom-Penh, je citerai le canal de ceinture, encore inachevé, dont le creusement partiel a permis d'obtenir les terres nécessaires au comblement des mares, à l'exhaussement des rues, boulevards, avenues, etc.

Ce canal, dont le développement dépasse trois kilomètres, aurait dû, en toute saison, avoir ses eaux au niveau de celles du fleuve avec lequel il est en communication constante par les deux extrémités de la boucle qu'il affecte. D'après les calculs d'établissement, le fond du canal devait, aux plus basses eaux, se trouver au minimum, à 1 m. 50 en contre-bas de l'étiage du fleuve.

Des observations erronées ont, de ce côté, amené un petit mécompte, car en mars 1894 la hauteur d'eau, entre les deux niveaux précités, n'était que de quelques décimètres, ce qui s'opposait à la libre pénétration des bateaux dans le canal. Un autre inconvénient, résultant aussi d'un manque de prévoyance, se manifeste au moment de la crue.

En octobre 1893, comme chaque année d'ailleurs, les eaux atteignant la clef de voûte des ponts, aucune embarcation, grande ou petite, de celles restées dans le fleuve, ne peut se réfugier dans les régions calmes du canal.

Si l'inondation extraordinaire de 1867, qui s'éleva, dit-on, à quinze mètres au-dessus de l'étiage, venait à se reproduire, la ville entière se trouverait sous plus de trois mètres d'eau, le niveau des rues étant sensiblement à 11 m. 50 ou 12 mètres du niveau du plafond du canal, qui est celui de l'étiage du fleuve.

Espérons que cette hypothèse ne se réalisera jamais, d'autant qu'on ne peut plus maintenant songer à remblayer toute la ville en exhaussant les rues de plus de trois mètres.

Mieux instruite par l'expérience, l'administration, qui fait établir un nouveau pont à la sortie du canal, a pris des dispositions pour que cet ouvrage soit mobile et permette à tout instant des relations sûres et faciles entre le fleuve et le canal.

Il est nécessaire d'ajouter qu'avec les ressources dont le protectorat pourra disposer il lui sera aisé de remédier à la situation par la surélévation des ponts existants et le creusement à une plus grande profondeur du plafond du canal.

Les déblais provenant de cette dernière opération trouveront toujours un emploi justifié dans le comblement des marécages.

On peut estimer à sept cent mille mètres le cube des terres extraites et utilisées en remblais. Les déblais ne pouvant être exécutés (faute d'un matériel *ad hoc*) qu'à la saison des basses eaux, de janvier à juin, il est difficile d'assigner un terme à l'achèvement du canal de ceinture.

Bien que le service des bâtiments civils, les commerçants, les compagnies, les particuliers, aient à l'envi construit à Pnom-Penh des hôtels splendides, des bureaux, des magasins de style irréprochable, et malgré toutes les améliorations apportées dans l'hygiène et le décor, la ville semble respirer la mélancolie.

Elle ne sort de son assoupissement qu'à de rares intervalles, comme le jour de l'An, le 14 juillet et à l'occasion des fêtes du « roi Norodom », des « Eaux », du Têt.

Dans ces circonstances, les pétards mêlent le bruit de leurs détonations à celui des vivats, des acclamations, aux accords de la musique des Tagals.

Des régates, des courses ont lieu ; les grands et le peuple s'amusent. Le soir, un dîner officiel réunit à la table soit du résident supérieur, soit de Sa Majesté, les principaux fonctionnaires, les négociants européens, les dignitaires de la couronne. Un bal suit généralement ces agapes.

Si l'on se trouve au palais, les nombreuses bayadères, les étoiles du harem, transportées dans le corps de ballet, brillent à peu près d'une égale splendeur. Les attitudes des danseuses, l'originalité de leurs costumes, de leurs gestes, leurs poses, font le mérite de ces distractions, qui ne viennent malheureusement qu'à de rares intervalles rompre la monotonie de l'existence à Pnom-Penh.

En temps ordinaire, après les occupations professionnelles de la journée, on consacre une partie des nuits aux jeux en honneur là-bas : le *Bacouan,* les *Douze Bêtes* et autres.

Pour les raffinés, la *great attraction* est l'opium ; elle compte beaucoup de fervents.

Les fumeries publiques et clandestines ne manquent pas ; leur installation, qui n'est pas compliquée, consiste en un lit de camp en bois, recouvert parfois d'une mauvaise natte, sur lequel se trouvent un quinquet allumé et une pipe à opium. Celle-ci est faite d'une tige polie en bambou, au milieu ou à l'extrémité de laquelle s'adapte un fourneau en métal.

L'amateur pris du désir de « tirer sur le bambou » commence par s'étendre sur le lit de camp, posant sa tête sur un amour de traversin en « poterie », à moins que, dédaignant cet appui, il ne préfère soutenir son chef de la main droite. Un Chinois vous prépare *la pipette* ou vous laisse l'agrément de la besogne. Dans l'un et l'autre cas, on procède comme suit : le suc de pavots, qui a la densité, la couleur du miel un peu noir, se trouve dans un petit flacon à portée du fumeur. On plonge dans le récipient le bout d'une aiguille à tricoter et on ramène à son extrémité une gouttelette qu'on s'empresse, en faisant tournoyer l'aiguille, de présenter à la flamme de la lampe à pétrole. Sous l'effet de la chaleur, la goutte d'opium se renfle ; on augmente ses dimensions en la plongeant plusieurs fois dans la fiole et la chauffant après chaque prise. Le mouvement qu'on imprime à l'aiguille permet d'arrondir la goutte ; lorsqu'elle atteint la grosseur d'un noyau de cerise, on l'introduit dans le fourneau, qu'on approche en l'appuyant même contre l'ouverture du verre de lampe, puis l'on aspire. En spirales blanches, nuancées de bleu, la fumée s'élève dans l'atmosphère.

Je ne décrirai pas les phases, plus ou moins extatiques, par lesquelles passe le fumeur. Après quelques bouffées, les yeux

PNOM-PENH. — ANCIENNE SALLE DE DANSE DU ROI NORODOM.

paraissent humides de joie ; le regard, qui d'abord brille d'une étrange façon, se voile doucement, s'éteint dans une vague rêverie.

C'est au sortir de la léthargie que le sujet ressent les effets de sa funeste passion ; pour quelques instants d'oubli, de volupté peut-être, il a dépensé une énorme somme de forces.

L'habitude de la pipe rend incapable d'efforts intellectuels et manuels, mais la croyance en ce spécifique est telle que les fanatiques croient trouver surtout, dans l'objet qui les épuise, la vigueur qu'ils n'ont plus.

Les Européens de « qualité » vont rarement prendre ce plaisir dans les fumeries publiques. C'est chez eux, loin du monde, du bruit des indiscrets, qu'ils se livrent avec ardeur au culte du *bambou*.

*
* *

Parmi les nombreux monuments qui contribuent puissamment
à la décoration de Pnom-Penh, je citerai, entre autres, celui connu
jadis sous l'appellation de *Pyramide* et *Pagodepu Pnom*, de la plate-

PALAIS DU ROI NORODOM. — PAVILLON CHINOIS AU MOMENT DES FÊTES.

forme duquel on domine une plaine sans bornes, d'où l'on jouit
d'un horizon infini, d'un panorama incomparable.

Englobé dans la ville française, le vieil édifice a été restauré en
1892-1893 et inauguré le 1er janvier 1894 sous le nom symbolique
de *Pagode nationale*. L'ensemble du Pnom (montagne ou colline)
comprend la pagode, beaucoup de pyramides et de nombreuses
stèles d'un grand effet. Les serpents à sept têtes (*najas*), les

hommes à massue, les lions khmers, toutes les curiosités architecturales qui décorent le grand escalier et la face principale de
la pagode nationale, proviennent de moulages pris aux ruines
d'Angkor.

La chapelle de Brahma, l'hôtel du résident supérieur, le
palais du second roi, le palais de justice, le port de commerce, la
banque de l'Indo-Chine, la cathédrale, les pagodes chinoises, les
casernements, etc., dans la ville européenne, puis le palais de
Norodom, sa statue équestre, son ancienne salle de danse, qui
tombe en ruine, la pagode des crémations, etc., dans la ville asia-
tique, forment le bilan des édifices de la capitale du Cambodge.

Après cette esquisse, ce rapide aperçu sur le Mékong et Pnom-
Penh, les deux éléments constitutifs, vitaux, du royaume, il ne me
reste plus qu'à relater mes pérégrinations dans le haut fleuve et
l'intérieur jusqu'aux frontières du Laos et du Siam, pour faire
connaître sommairement le pays khmer, ainsi que diverses ori-
ginalités de son peuple.

II

Le 30 avril 1893, je reçus l'ordre de partir pour Kratié afin de
procéder au tracé de la route qui doit rattacher ce poste à celui de
Sambor.

A la hâte, je fis les préparatifs, m'approvisionnant de vivres,
objets de couchage, ustensiles de cuisine, nécessaires à mes
besoins pendant les quarante à cinquante jours que je passerais
loin de tout centre de ravitaillement.

Le lundi 1er mai, à dix heures du matin, j'embarquai, pour me
rendre à destination, sur *le Bassac* des Messageries fluviales.

Un service régulier de bateaux à vapeur fonctionne entre Saïgon
et le Cambodge. De Pnom-Penh, devenant à son tour tête de ligne,
partent des annexes qui, en toute saison, desservent Kompong-
Chnam sur le Tonlé-Sap, Chaudoc sur le Bassac, Kratié sur le
Mékong. A l'époque de la crue, ces lignes secondaires se prolongent sur le Tonlé-Sap jusqu'à Battambang, par les lacs; sur le
grand fleuve, jusqu'à Stung-Treng et Khône (1).

La subvention annuelle allouée par le protectorat à la Compagnie des Messageries fluviales était en 1894 de 25,000 piastres.

Le Bassac, commandé par le capitaine Lecocq, un vétéran du
haut fleuve, est un bateau à fond plat, construit spécialement pour
le genre de navigation auquel il est destiné. Pourvu de deux
hélices, le steamer atteint une vitesse de douze nœuds, ce qui

(1) Voir pour la topographie du Cambodge notre *Atlas universel* (collection
des atlas Plon) joint à la collection de la *Bibliothèque universelle des voyages*
(C. S.)

lui permet de remonter les redoutables rapides de Préatapang.

Quittant l'appontement de Pnom-Penh, le courrier double la pointe de Chery-Chongoa et va s'installer à côté du *Nam-Viam*, arrivé de Saïgon. Les correspondances et marchandises transbordées, on se remet en route. Dans la journée et la nuit, des arrêts ont lieu à Roca-Kong, Kasutin, Chelong, Kompong-Chiam, Kranchemar ; à neuf heures du matin, on arrive à Kratié.

Durant le trajet, M. Lecocq tire un énorme crocodile qui était en train de lézarder sur un îlot de sable. L'amphibie, qui a reçu du plomb, se détend comme un ressort bien comprimé et, d'un bond prodigieux, disparaît au sein des flots. De temps en temps, des singes sautent d'un arbre à l'autre, le long de la rive ; souvent, assis en bande au bord de l'eau, ils nous regardent passer, ne se dérangeant que si on fait mine de les tirer ou si l'on fait marcher la sirène.

Des oiseaux planent, péchent, picorent ; des plongeons (canards) déployés en longs rubans noirs décrivent des zigzags capricieux ; on les prendrait pour des serpentins monstrueux. Au matin, ils sont massés dans le fleuve, formant un véritable barrage. « *Se sauveront, se sauveront pas,* » disons-nous, pendant qu'on avance sur eux d'un train d'enfer. Contrairement aux prévisions du capitaine, qui en est surpris, la proue du navire donne dans le banc des volatiles ; à ce choc, c'est un sauve-qui-peut indescriptible, un *plongeon* général, que nous accompagnons d'applaudissements frénétiques.

En prenant terre à Kratié, j'y trouve le résident du Sambor, venu pour faciliter l'accomplissement de ma mission. Un entretien de quelques minutes suffit pour tout régler. Le gouverneur indigène, *Ek*, est invité à me fournir, dans les vingt-quatre heures, les moyens de transport, la main-d'œuvre nécessaire aux opérations. Un tour de promenade nous fera connaître les lieux. Non loin de l'embouchure du Preck-Té, et en amont, sur la berge du Mékong, haute de vingt mètres, sont échelonnées, de chaque côté d'une longue avenue plantée de flamboyants (arbres à fleurs rouges, genre *hibicus*), un grand nombre de paillottes.

Un mât de pavillon auquel flotte le drapeau tricolore, un mirador, un kiosque, où l'on se réunit pour l'apéritif, précèdent trois immeubles en bois, affectés au logement du personnel administratif, qui comprend un chancelier chef de poste, un entreposeur des douanes et régies, un gérant du bureau postal et télégraphique. Derrière ces témoins de notre puissance, la plaine sans fin, couverte de hautes herbes : voilà Kratié sur le fleuve (côté ouest) ; la vue est imposante. Au pied de la falaise, se déroule un ruban bien bleu de près de mille mètres de large, suivi de vastes cultures dont le ton vert contraste heureusement avec la couleur d'azur des eaux. Un banc de sable trop blanc, à découvert en ce moment, met une ombre au tableau en nous renvoyant par réflexion plus de lumière et de chaleur qu'il n'en faut. La population paraît dense : l'élément chinois est représenté par de nombreux bazars qui sont les succursales de Pnom-Penh.

Le 2 mai. Ek arrive avec les voitures et l'escorte. Mes provisions embarquées, le convoi s'ébranle ; des hommes auxquels un interprète transmet mes ordres m'aident dans les travaux de levé, de piquetage.

Les chars s'arrêtent aux stations assignées au guide ; à défaut

LA PAGODE ET LA PYRAMIDE DE PNOM-PENH. — VUE D'ENSEMBLE.

de cases établies, les bouviers installent des gourbis pour y passer la nuit. Tantôt dans les rizières, le plus souvent à travers la forêt claire ou fourrée, les herbes hautes de cinq mètres, les bambous épineux, la besogne s'accomplit.

Après trente jours de misère, je n'étais plus qu'à une étape de Sambor ; je me réjouissais de toucher au but, lorsque, à la suite des fatigues et d'un bain pris dans le ruisseau de Klampé, je fus brutalement terrassé par un violent accès de fièvre.

Habitué à ces désagréables surprises, je luttai, mais inutilement, pour achever les travaux. Je ralliai alors Sambor, où les soins les

plus empressés me furent, à défaut de médecin, prodigués par
l'excellent résident, M. Garnier Laroche ; mais tout fut inutile. Mon

PNOM-PENH. — GRAND ESCALIER DE LA PAGODE.

état ne s'améliorant pas, je descendis le fleuve en sampan pour
embarquer à Kratié sur une chaloupe à vapeur qui me transporta
à Pnom-Penh. Un repos de quatre semaines, dont la première

passée a l'hôpital, me permit de revenir à Sambor accomplir la tâche qu'on m'avait confiée; elle fut achevée en cinq jours. Les opérations comprenaient, sur cinquante-deux kilomètres de parcours, le piquetage d'axe du tracé, la pose de deux cent dix sommets d'angles et un levé au 1/20,000 s'étendant sur une zone de mille mètres de chaque côté de la ligne étudiée.

Grâce à un balisage immédiat, on entreprit aussitôt le débroussaillement. La région que j'avais parcourue n'offrait à tous les points de vue qu'un intérêt médiocre. De son origine, résidence de Krapié, le tracé se développe à l'est, s'éloignant du fleuve jusqu'au passage du Preck-Kampi; de ce cours d'eau, il s'infléchit au nord pour revenir sur le Mékong au bureau télégraphique du poste de Sambor. On ne rencontre de cultures qu'aux environs de nos établissements et des hameaux Coulop, Combor, Stung-Pitt. Ailleurs, le terrain est couvert de hautes herbes, alternant ou se confondant avec des sections forestières composées de plantes résineuses, élancées, vigoureuses. Ces solitudes sont les repaires d'animaux féroces et autres. Les éléphants sauvages, les buffles, les bœufs, les tigres et les panthères, les sangliers, les cerfs, les grands gallinacés, le paon en tête, sont dignement représentés. La famille des reptiles est nombreuse, variée et à surveiller, car les piqûres sont généralement mortelles.

Beaucoup d'ornières ou frayés de chars à bœufs, suivant une direction invariable, est-ouest, traversent la piste de Kratié à Sambor. Le guide me dit que les peuplades de l'intérieur viennent jusqu'à la berge du Mékong pour échanger leurs produits contre du riz, du poisson et autres denrées. Les cours d'eau, dont le plus considérable est le Kampi, sont des ruisseaux qu'on franchit à gué en temps normal, mais qui se gonflent à la moindre averse pour se transformer en torrents.

Sambor, où l'administration est représentée par le résident, son secrétaire, un agent du service des postes, un entreposeur des douanes, ressemble en tous points à Kratié. Trois constructions en planches pour les Européens, le casernement de la milice, des paillottes courant le long de la berge, servent à donner abri à tout ce monde.

Dans les bourgades où j'ai stationné, les *mesrocs* (maires), prévenus de mes intentions, se sont toujours empressés de m'installer de leur mieux. A mon arrivée, ils venaient présenter leurs souhaits de bienvenue; ils affectaient dans la circonstance une attitude humble, se prosternant pour faire ce qu'on appelle les *laïs* (politesse) et me priant d'accepter leurs offrandes, qui consistaient invariablement en œufs, poulets, fruits, etc.

La rémunération en argent étant refusée, je la transformais en dons de vivres à l'usage des blancs. L'hospitalité est une des grandes qualités du peuple khmer; j'ai été heureux de trouver dans ses traditions cette coutume qui se perd, chassée par la marche en avant de la civilisation.

Les voitures à bœufs sont construites entièrement en bois et rotin ; elles comprennent deux roues reliées par un essieu sur lequel est fixé un cadre surmonté d'un rouff en chaume. Le véhicule, dont la longue flèche se recourbe à son extrémité antérieure, est traîné par deux bœufs accouplés au joug, fixé par son milieu sur le timon.

Ces chars, les seuls en usage, sont d'une commodité relative ; les bouviers, lorsque le chemin n'est pas frayé, poussent au hasard devant eux sans s'inquiéter des obstacles. Si un accident survient, le bois, les matériaux sont sur place, et le coupe-coupe du Cambodgien répare vite le désordre de l'attelage. Le but du rouff est de protéger contre la pluie et le soleil, permettant, en cas de besoin, de transformer le réduit en chambre à coucher. Pour dormir et voyager dans de bonnes conditions, on pose sur le clayonnage du cadre un matelas ou une natte du pays. Dans les courses, les mouvements sont désordonnés ; on souffre du roulis, du tangage suivant les accidents du chemin, et, en raison sèche, on sort de la voiture avec une couche de poussière impalpable, qui pourrait laisser croire qu'on s'est poudré.

Comme on semble ignorer qu'il faut graisser la partie de l'essieu engagée dans la roue, le frottement des bois se traduit par un coui-coui perpétuel, monotone, pareil à une plainte qui ne cesse qu'au terme du voyage.

Par eau, le mode de locomotion est le sampan, espèce de grande pirogue découverte ou munie d'un rouff, manœuvrée suivant ses dimensions par deux ou plusieurs rameurs, un aviron faisant l'office de gouvernail. C'est en sampan qu'à ma sortie de l'hôpital j'ai accompli une partie du trajet pour regagner Sambor.

Le 6 juillet, époque où la crue est très sensible, je quittai Kratié. Jusqu'à Sambor, les piroguiers purent à force de rames vaincre la force du courant. A partir de cette localité, qui est l'origine des premiers et petits *rapides* de Sambor ou Kampi, il fallut, serrant la berge de bien près, abandonner les avirons. Dans cette prévision, les matelots avaient disposé de longs bambous dont les extrémités étaient agencées pour remplir le rôle de gaffes et de fourches à deux dents. On crochait à l'avant les branches d'arbres (aulnes ou trembles), halant dessus pour avancer, pendant qu'à l'arrière les veilleurs, trouvant à leur tour des points d'appui, y posaient les fourches et poussaient afin de prévenir les reculs.

Il faut éviter avec soin de se laisser déborder, entraîner par le courant, sinon l'on deviendrait sans retard la proie inévitable des eaux, qui rouleraient, chavireraient le bateau. Cette marche à la *cordelle*, comme on dit, est d'un intérêt palpitant, car on est constamment en danger ; elle offre pourtant l'inconvénient de s'effec-

tuer avec trop de lenteur. Il fallut quinze heures pour franchir
vingt milles et les bateliers étaient exténués de fatigue. Il est moins
dangereux de descendre que de remonter les rapides.

Ayant mis au net les opérations exécutées entre Kratié et Sambor,
je reçus du résident supérieur l'ordre de procéder à l'étude pré-
liminaire d'un canal qui devait relier Pnom-Penh au poste de
Kompong-Toul, distant d'environ vingt kilomètres. Située sur la rive droite du Preck-
Thnott, cette localité est un entrepôt important.
Le 13 août, j'entrepris les travaux et les menai
vivement, car l'inonda-tion gagnait la plaine;
tout fut terminé dans l'espace de 15 jours.

UN ÉLÈVE BONZE.

III

Dans le prolonge-ment ouest de la rue
de Kampot, sur quatre kilomètres de longueur,
une levée en terre de 3 m. 50 à 4 mètres,
large de 6, coupée de distance en distance par
des ponts en bois, per-met de traverser la
plaine des petits lacs et d'aboutir à hauteur de
la blanche pagode de Montalam.

A cet endroit, la route se perd dans la rizière, et, suivant les
nombreux frayés des chars à bœufs, le guide vous mène au gré de
son inspiration. Des bouquets de palmiers égaient l'horizon, pro-
tégeant de leur ombre, de leur feuillage, des paillottes où vivent
les descendants dégénérés de la vieille race khmer.

Pour éviter les pertes de temps, les installations provisoires,
je m'assujettis à vivre dans les salas (maison commune), près des
pagodes.

Les chants des religieux devaient parfois troubler la quiétude
de mon repos, mais en revanche je trouvais là une occasion pré-

cieuse de faire des observations sur les coutumes des naturels.
Pouchetong, Presling, Sleng, furent les stations de ma quinzaine.

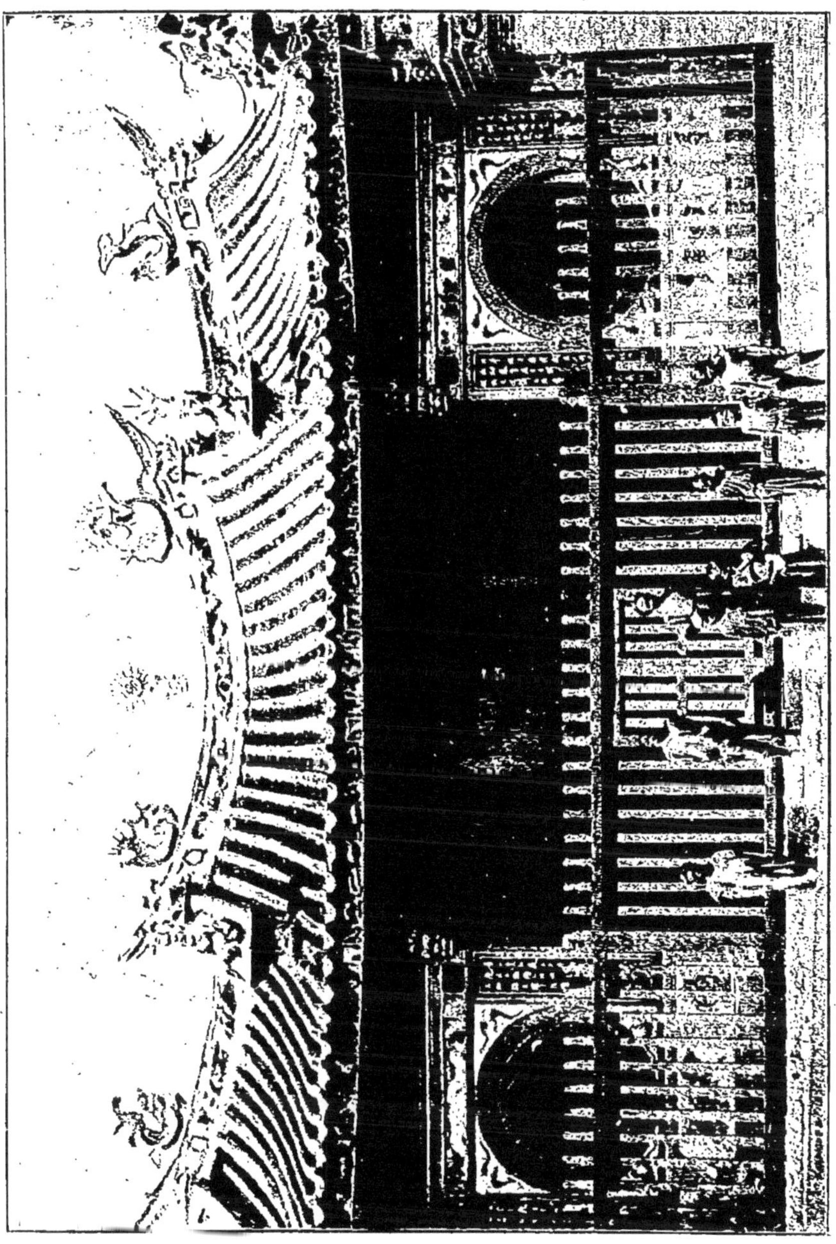

PNOM-PENH. — PAGODE CHINOISE DANS LA GRANDE-RUE.

Les pagodes sont aux Cambodgiens ce que les églises, les temples,
les synagogues sont aux catholiques, protestants et israélites : les
saints lieux où, sous l'œil doucement bienveillant du grand
Bouddha, l'on vient adorer la divinité.

Une éminence naturelle ou artificielle sert d'emplacement aux pagodes, dont l'orientation correspond exactement aux quatre points cardinaux, la porte d'entrée regardant vers l'Orient. Une enceinte ou palissade en rondins les entoure avec, à l'intérieur, une enfilade de cases ayant en retour un grand hangar-abri.

Une mare, dans les eaux de laquelle pousse le lotus, fleur sacrée qu'on offre au dieu, avoisine la pagode. Des pyramides en maçonnerie, des stèles décorées de génies sur leurs faces, des poteaux en bois sculpté parfois artistement, s'élèvent sur la plate-forme qui borde les murs du temple.

Le banian aux mille branches, arbre vénéré, que Bouddha lui-même a transporté de Ceylan au Cambodge, atteste la fidélité des souvenirs, la foi dans le culte, dans la religion, dont les ministres sont des hommes ayant la barbe et les cheveux rasés, le corps roulé dans des étoffes jaunes, sales à ne pas toucher avec des pincettes; j'ai nommé les *bonzes*.

Dès que l'aube naît, le timbre d'une cloche annonce qu'il est temps de louer Bouddha. Éclairés par des torches en résine, de mauvaises chandelles, groupés autour d'une ou plusieurs statues et statuettes du dieu, assis sur la planche ou dans la poussière, le buste légèrement penché, les bonzes récitent les prières à voix haute. La langue usitée est le *pali*. Peu de religieux sont capables de donner des explications sur les prières, l'ignorance étant notoire chez la plupart d'entre eux.

Un verset dont la finale est le mot *bà*, répété de temps à autre et en chœur, précède non la génuflexion, mais la prosternation.

Ce devoir accompli, les religieux se séparent; les uns instruisent les enfants, d'autres s'occupent de travaux manuels ou, munis de soupières en bois, recouvertes de cotonnade jaune, qu'ils portent en bandoulière, partent dans diverses directions. Ils se rendent dans les villages, afin de quêter la nourriture pour la confrérie.

A leur arrivée, les femmes franchissent le seuil des habitations, portant sur des plateaux en cuivre des aliments qu'elles versent dans les récipients dés bonzes. Au retour à la bonzerie, vers dix heures du matin, les provisions recueillies et mises en tas sont bénies.

Les enfants accroupis observent les maîtres, s'empressent de leur mettre à portée de la main les objets dont ils ont besoin.

Le repas se termine par une prière, et les enfants, impatients de déjeuner, s'emparent des restes.

Le bonze ne doit plus manger de la journée, mais il a la faculté de boire (jamais d'alcool), de fumer, de chiquer, et il ne se prive pas de son bétel.

L'après-midi est consacré à la sieste et à l'instruction des élèves ou bonzillons, qui apprennent les leçons en lisant sur un ton élevé, désagréable.

A la nuit, la cloche tinte de nouveau; c'est l'angélus. Comme le matin, on se réunit pour prier; souvent les chants se prolongent au delà de minuit. Les enfants reprennent un peu de nourriture, puis se couchent.

La cellule du bonze est meublée d'une natte, d'un traversin; le supérieur ou directeur vit dans un local séparé, couchant sur un cadre à la façon des trappistes.

Tous les Cambodgiens fréquentent la bonzerie, qui est le seul établissement d'instruction publique.

Les individus qui se vouent au culte, même pour une période limitée, font vœu de chasteté. Les infractions à la règle sont, suivant leur gravité, réprimées par des peines disciplinaires, comme l'expulsion, le châtiment, si la pagode a été souillée, profanée.

Sous les pyramides en maçonnerie, dans les poteaux en bois creusés à cet effet, sont déposés les cendres et ossements des bonzes crémés, suivant la coutume en vigueur.

Sous de petites stèles, les Cambodgiens superstitieux, croyant à la métempsycose, déposent des objets symbolisant les conditions de la résurrection ou retour à la vie.

Le grand hangar-abri sert de maison commune; les voyageurs s'y installent et y séjournent au besoin; on l'appelle la *sala*.

Le peuple vénère les bonzes, se prosterne à leur rencontre, ne leur parle que les mains jointes, dans l'attitude la plus humble.

L'ascendant religieux étant considérable, il y aura lieu, dans l'établissement des voies de communication, de se rapprocher des pagodes.

Les murs et cloisons dans les pagodes et salas sont parfois recouverts de tableaux grossiers, en toile ou bois, représentant des scènes du Ramayana (1).

Après l'inondation annuelle. au commencement de novembre, les eaux étant assez basses pour permettre des explorations à éléphant, je reçus la mission intéressante de me rendre par voie d'eau à Kampot, devant, de cette place, faire retour à la capitale, en rapportant d'une reconnaissance rapide les indications destinées à l'étude d'un avant-projet pour l'ouverture d'une route carrossable, en vue de relier Kampot aux Quatre-Bras, le golfe de Siam au Mékong, par une voie terrestre. Dans ce but, le vendredi 10 novembre, à dix heures du matin, je pris passage sur *le Bassac*, qui accomplissait son voyage hebdomadaire sur Chandoc.

Une première halte à Katoï, pour embarquer du bois destiné aux besoins du bord, précéda les simples arrêts aux postes douaniers de Katoum et Bac-Nam.

Le voyage s'accomplit dans les conditions les plus favorables. Dans la plaine encore submergée apparaissaient des indigènes

(1) Poème épique racontant les aventures de Rama.

réparant le désordre causé par les eaux. Des palmiers, une multitude d'oiseaux venaient rompre la monotone platitude du paysage. A sept heures du soir, on était à Chaudoc et je faisais transporter mon bagage à l'auberge *Suire*.

Chaudoc, qui signifie « gueule de cochon », est une localité importante, sise sur la rive droite du Bassac, à plus de cent kilomètres dans le sud de Pnom-Penh. Elle fait partie de la Cochinchine et forme une inspection dirigée par un administrateur auquel est adjoint un nombreux personnel destiné à assurer la marche des affaires. Les bâtiments réservés aux Européens sont de véritables chalets ; le confort n'y fait pas défaut. Les Annamites sont logés dans des paillottes et des compartiments disposés à l'alignement. La vue de l'hôtel de l'administrateur, des casernes d'infanterie, de l'église, des marchés couverts, etc., fait oublier un moment qu'on est loin de la mère-patrie.

Les routes et promenades sont parfaitement entretenues. Une jolie avenue longe le fleuve, dont les berges sont soutenues par un revêtement en maçonnerie de mosaïque ; elle se complète par l'avenue Turgot et la route du Niü-Sam.

Trois débarcadères, celui des Messageries fluviales, du Marché, de l'Inspection, assurent aux navires des facilités d'accostage, un déchargement normal.

Plusieurs passerelles en fer, système Eiffel, permettent l'écoulement des eaux, qui par divers arroyos viennent au Bassac de la plaine si marécageuse qui s'étend entre le fleuve et les montagnes du Niü-Sam. La vue d'ensemble donne à Chaudoc ou Chau-Doc un air de coquetterie qu'on ne trouve dans aucun des postes du Protectorat.

Pour continuer mon voyage, je pris passage, le 13 à sept heures du matin, sur la chaloupe *l'Alexandre*, patron-Poutchandi, qui par le canal de *Vinh-Té* se rendait à Hatien.

Le *Vinh-Té*, qui fait communiquer le Bassac avec le golfe de Siam, toujours accessible aux sampans, devient impraticable de janvier à juin pour les chaloupes à vapeur et les grosses embarcations. Cet inconvénient a dû disparaître par l'exécution de travaux de dragages projetés. S'amorçant dans le Bassac, entre les pilônes qui supportent le fil mettant Chaudoc et Pnom-Penh en relations électriques, le *Vinh-Té* n'est qu'un large fossé creusé dans la plaine.

Quelques minutes après le départ, dans le lointain brumeux, se profilent des montagnes, apparaissant comme une barrière infranchissable. A mesure qu'on se rapproche, une dépression permet de voir à l'horizon un deuxième massif, élevé, sombre ; il nous masque, me dit-on, le littoral du golfe de Siam. On déjeune ; j'ai pour compagnons de table, les seuls d'ailleurs, Poutchandi, un Malabar de couleur chocolat et un jeune curé annamite d'un teint douteux, tenant du safran et de l'ocre jaune sale.

Constatation fâcheuse, ce ministre divin, formé par les soins de nos missionnaires, déclare qu'il connaît très peu la langue fran-

PNOM-PENH. — CHINOIS PORTEUR.

çaise. En revanche, il parle le latin avec une aisance qui me met dans un cruel embarras, car il y a longtemps que j'ai oublié celui que je n'avais appris qu'à contre-cœur. Je ris de me trouver en pareille posture, entre ces deux enfants de Cham qui font grand honneur aux plats qu'on leur présente. Le curé boit plus que de raison et ne délaisse le verre que pour se livrer aux douceurs de la pipe ; il fume plus que la cheminée du petit vapeur. Nous quittons enfin le canal pour pénétrer dans une lagune, et c'est en suivant le chemin indiqué par un balisage primitif que nous atteignons à cinq heures du soir le débarcadère de Hatien.

Une courte visite à l'administrateur dans son enviable hôtel, situé sur un mamelon, en face du poste militaire, assis sur un morne que la mer baigne de son flot. L'espace qui sépare ces deux points est occupé par des constructions sans cachet, des terrains vagues, marécageux.

L'hospitalité la plus franche m'est offerte par l'excellent gérant des postes et télégraphes, l'infortuné M. Garas, qui a depuis succombé aux atteintes de la fièvre.

La vue de la mer, des montagnes boisées, me ranime. Je le trouve tout plein de pittoresque, de poésie, ce site de Hatien qui a si peu de ressemblance avec les régions que j'ai visitées en Indo-Chine.

Le *bonnet à poils*, sorte de grand rocher à pic, isolé, est une des curiosités qu'on signale aux voyageurs. On trouve ici la tortue Caret, très estimée à cause de la finesse de son écaille ; elle constitue avec la pêche de la sardine, dont on confectionne le *noc-mam*, une des principales branches de l'industrie du Hatien.

La chaloupe à vapeur *Khmer*, appartenant au Protectorat, doit me transporter à Kampot. Son patron, M. Ferrero, commis des douanes, arrête le départ pour l'heure la plus favorable, le 14 novembre à midi.

Après avoir passé tout près des îles Pirates et Phucoc, l'ancre est jetée, à cinq heures du soir, dans la baie de Pnom-Don, la marée ne permettant pas à ce moment de remonter le Prey-Sroc jusqu'à Kampot.

Accompagné de M. Lambert, inspecteur des milices, qui a eu l'amabilité de venir à ma rencontre à Hatien, nous prenons place dans un canot. A l'embouchure du Prey-Sroc, les douaniers qui y sont établis nous serrent la main ; nous poursuivons notre route pour arriver deux heures plus tard à la résidence de Kampot.

Le résident et Mme Collard m'accueillent avec l'affabilité qui les distingue, m'offrent l'hospitalité en termes qui ne permettent aucun refus, d'autant que je serais embarrassé pour découvrir une auberge. Il n'en existe guère en effet dans ce centre que des auteurs distingués désignent sous le nom, un peu pompeux, de ville. C'est vraiment de l'exagération que d'appeler ainsi des bourgades en paillottes.

Kampot est fait à l'image de Kratié, de Sambor, que l'on connaît déjà. Pour être bon prophète, je dirai que l'emplacement de la ville a été heureusement choisi, dans une plaine peu submersible,

cultivée, peuplée de palmiers, sur la rive gauche du Prey-Sroc,
avec un horizon vaste, auquel les massifs montagneux de l'Éléphant
à l'ouest, du Roang au nord, donnent un véritable cachet d'originalité.

Des plantations de poivriers, de caféiers, de tabac, de bétel, de
riz, etc., assurent avec l'élevage du bétail la prospérité de ce poste.
On y fabrique de délicieux cigares, connus sous la marque de
Cigares du Golfe. Seules, les voies devant faciliter les charrois manquent pour faire de Kampot l'unique entrepôt des produits si
variés que récoltent en abondance les provinces occidentales du
royaume.

Ayant conféré avec M. le résident Collard sur l'objet de mon
déplacement, deux éléphants, plusieurs chars à bœufs, un interprète, une escorte d'hommes pour toute éventualité, furent mis à
ma disposition.

Dans l'après-midi du 16 novembre, je me mis en route, après
avoir assisté à une fête ou cérémonie bouddhique qui fut pour le
peuple l'occasion de donner aux bonzes de belles pièces d'étoffes
jaunes, en soie et coton. Ma première halte eut lieu à la sala de
Chacreyting, où je passai la nuit.

Quelques vivres distribués aux ministres de Bouddha m'atti-
rèrent leurs sympathies, qui se traduisirent par un cadeau com-
prenant des figurines sculptées sur bois et d'autres bibelots.

Je demandai une statuette représentant le Bouddha, mais on
m'objecta qu'on ne pouvait se rendre à mon désir, le chef de la
bonzerie étant absent. Pourtant, à la suite d'interminables pour-
parlers, l'interprète rapporta l'objet de ma convoitise.

Le 17 novembre au jour, je me remis en marche. Installé sur
un éléphant, dans une cage spacieuse, dont le rouff me protégeait
contre le soleil, je pus, tout en cheminant, relever à la boussole
la direction suivie, prendre des indications sur les cours d'eau, la
nature des terres, des cultures, des lieux que je traversais.

Ces notes étaient mises au net à la première station de repos.
Dans les villages, je me renseignais sur les productions du sol, les
ressources diverses, les effectifs de la population. En deux jours,
je reconnus, sur quatre-vingts kilomètres de parcours, toute l'ancienne ligne télégraphique, établie entre Kampot et Kus, où j'ar-
rivai le 18 au soir.

Kus est un point central, stratégique, situé entre le lac de Bâti,
la rivière de Sla-Kus et le versant oriental des montagnes de Bac-
Nim. Ce fut, en 1886, l'un des foyers les plus actifs de la révolte;
on dut y établir un poste militaire disparu aujourd'hui.

Maintenant que la pacification a fait son œuvre, on peut, par
le nombre de hameaux qui existent, ainsi que par l'étendue des
rizières, se rendre un compte exact de la richesse, de l'importance
de cette région.

La bonzerie comprend une quarantaine de religieux, ayant à leur tête un homme encore jeune et qui m'a laissé voir qu'il n'avait pas perdu le souvenir de nos vieilles discordes. Le demi-sourire énigmatique, errant parfois, dans la conversation, sur les lèvres du supérieur de la pagode, son attitude calme, paraissent exprimer cette résignation qui précède l'espoir en la réalisation de projets longtemps caressés.

Malgré l'accueil courtois qui me fut fait, je quittai ces parages dès le lendemain. Le convoi déployé sur la grande esplanade qui

UNE EXCURSION A OUDONG.

précède la pagode, je pris une vue photographique destinée à me rappeler le bref séjour fait à Kus.

Un examen des notes recueillies me décida à abandonner la piste que je suivais, et je rebroussai chemin.

Guidé par un Mesroc, je franchis le Bac-Nim à un col peu élevé et le soir je couchai au bourg de Trépanréang, sur la route défoncée qui reliait, comme elle relie encore, Kampot à Oudong, lorsque cette ville était la capitale du Cambodge.

Ouverte vers 1850 par le roi Duong, père de Norodom, cette voie toujours fréquentée, jamais entretenue, se trouve dans un état lamentable de viabilité. Je la parcourus jusqu'au défilé ou porte du Pnom-Tria, distant seulement de vingt kilomètres de Kampot. Tournant alors au nord-est, je suivis la route khmer

PNOM-PENH. — RECONSTRUCTION DE LA PASSERELLE DU PETIT TAKÉO.

en m'arrêtant à Lobac, Trépanréang déjà nommé, Slap-Leng, puis Backar, non loin du Pnom-Srouï, que je laissai sur la gauche. De Backar, au lieu de continuer sur Oudong, je fis route nord 80° est pour retomber sur l'ancienne ligne télégraphique aux environs de Kompong-Toul, où je repris le chemin de Pnom-Penh, que je ralliai le 24 novembre au soir.

L'ingénieur auquel incombera la tâche d'arrêter la direction de la route carrossable Kampot-Pnom-Penh agira, je crois, sagement en prenant comme points de sujétion le col du Pnom-Tria, la bonzerie de Backar et le village de Kompong-Toul. De Kampot au Pnom-Tria, la voie desservira une immense rizière et facilitera le transport des produits forestiers, des matériaux à bâtir, de toutes les richesses que le mont Roang recèle sur ses flancs, dans ses entrailles.

Du Pnom-Tria à Backar, on se trouvera dans une véritable forteresse dont les remparts sont constitués par les massifs du Pnom-Srouï au nord, du Bac-Nim à l'est, du Roang au sud, de Lobac à l'ouest. Dans ce cirque, la population est dense, les ressources abondent, ne trouvant pour s'écouler aucun débouché. Backar, s'appuyant sur Oudong et Pnom-Penh, deviendrait le rendez-vous des produits, qui de Kus même vont sur Bâti sans toucher à la capitale.

Quant à l'établissement d'une artère entre Backar et Pnom-Penh par Kompong-Toul, son urgence s'impose, cette vaste région étant la plus fertile et aussi la plus cultivée du Cambodge.

Pour atténuer la sécheresse de ces indications, je prendrai au hasard, dans mon journal de voyage, quelques détails plus intéressants.

A Chacreyting, les bonzes m'avaient donné un bouddha, dont la possession m'avait comblé de joie, car l'objet paraissait de vieille fabrication. Or, au cours de mon voyage, comme je tentais de me procurer un bibelot analogue, je fus surpris de me heurter à un refus catégorique. L'interprète, un jeune métis chinois fort intelligent, mais encore plus canaille, me déclara alors que ce n'était qu'à un subterfuge qu'il avait employé que je devais la possession de la première figurine de Bouddha.

Il m'expliqua que, pour triompher des scrupules des bonzes, il avait allégué une raison péremptoire, celle de la présence du dieu pour nous protéger durant l'expédition, et promis de rendre la relique dès qu'elle serait accomplie. Je sermonnai l'imposteur, menaçant de le récompenser suivant ses mérites s'il prenait à nouveau la liberté de dénaturer ma pensée et mes paroles. Le petit Bouddha ne se plaindra pas du changement de domicile, car il vieillira sur les rives de la Seine.

Le 23 décembre à onze heures du soir, en compagnie de quelques amis, j'embarquai sur la chaloupe *Sapho*, que pilotait son propriétaire, le jeune et sympathique Henri Bosc.

Dans la nuit, on remonte le *Tonlé-Sap* jusqu'à Kompong-Luong (littoral royal), où nous trouvâmes, au petit jour, chevaux, éléphants, charrettes pour nous transporter à Oudong, où demeure encore la reine-mère, fidèle à son antique capitale.

Autour de la pagode de Kompong-Luong, nous constatons les vestiges de la domination chinoise ; elle se manifeste sous la forme de statues, génies, chimères, dragons, bouddhas barbus, etc., qu'on ne remarque jamais dans les décorations architecturales khmères. Les banians nombreux sont peuplés d'écureuils, de rats palmistes à large queue, sautillant de branche en branche avec une agilité sans pareille.

On s'arrache à tout examen pour se mettre en route. Une chaussée bien large, en bon état, nous mène à deux kilomètres du fleuve ; là elle se perd dans la rizière. On tourne à gauche et l'on découvre les blanches pyramides, visibles aussi de Pnom-Penh, qui couronnent les collines d'Oudong. Ces monuments sont les derniers témoins de la grandeur du Cambodge. C'est sous le socle de ces géants de pierre que, dans des urnes en porcelaine, reposent les cendres des ancêtres de Norodom. Au pied des mamelons, on quitte les montures, afin de reconnaître, un peu au hasard, les ruines qui disparaissent sous une végétation peu luxuriante.

Ici, des lianes entourent une colonne en briques, la serrant dans une étreinte qui finira avec la chute de l'édifice ; là, dans une maison minuscule, une statue en granit représente un bœuf couché. Je cherche dans mes souvenirs, et je crois me trouver en présence du taureau *Nandy* du Ramayana.

Plus loin, un long escalier à marches délabrées mène au faîte des collines ; en le gravissant, l'on aperçoit des singes qui, surpris, se sauvent en grognant ; on les invective et le concert de nos voix accélère, précipite la fuite des quadrumanes.

L'ascension s'achève et l'on est récompensé des efforts qu'elle a coûté, car un ravissant panorama se déroule devant nous. C'est dans la vieille pagode déserte, abandonnée, gardée seulement par un imposant Bouddha de dix mètres de hauteur, qu'on s'installe pour le déjeuner et la sieste.

Devant ce dieu qui vit tant de fidèles à ses pieds et qui semble maintenant se plaindre de l'oubli dans lequel il est tombé, on ne peut s'empêcher de remonter le cours des siècles, afin d'accorder un hommage mérité aux ouvriers de ces époques merveilleuses, qui avaient au plus haut degré le culte de leur art et l'amour infini de la divinité.

A l'extérieur du temple, des pierres taillées, des bustes, des têtes finement fouillées, portent les empreintes du vandalisme siamois, qui s'est acharné contre ces chefs-d'œuvre de l'architecture cambodgienne.

Des blocs de granit percés de trous pour aider au bardage attendent encore leur mise en œuvre.

Une vue photographique des tombeaux termine la visite sur les sommets des coteaux d'Oudong ; la caravane se dirige vers la résidence royale.

On pénètre dans l'enceinte de ce qui fut jadis une ville; nos tentatives pour être admis en visite auprès de la mère de Norodom restent vaines; l'heure est, paraît-il, inopportune.

Des rafraîchissements nous sont offerts par un mandarin : ils sont les bienvenus. Le soleil disparaissant, nous reprenons le chemin de Kompong-Luong, où *la Sapho* nous attend pour descendre le fleuve.

Le retour à Pnom-Penh a lieu sans incidents.

Lorsqu'un vaste réseau de voies terrestres et fluviales sillonnera le Cambodge, ses destinées seront à jamais fixées, et notre empire colonial comptera un beau fleuron de plus à sa riche couronne.

J'ai quitté en mars 1894 ce pays vraiment intéressant, attachant. Mes souhaits sont pour la prospérité du Cambodge, pour la régénération, à l'ombre de notre drapeau, du peuple malheureux que nous avons charge de protéger, de relever.

Jules Agostini.

RETOUR DU FLEUVE.